4082

DISCOURS

PRONONCÉ LE 23 FÉVRIER 1892

En l'Église de Fresne (Orne)

par

M. L'ABBÉ de BEAUVOIR

Chanoine honoraire

Curé de Saint-Godard de Rouen

A L'OCCASION DU MARIAGE

de

Monsieur DE PONTHAUD

et de

Mademoiselle Yvonne DE BANVILLE

Rouen. — Imp. E. CAGNIARD, rues Jeanne-d'Arc, 88, et des Basnage, 5.

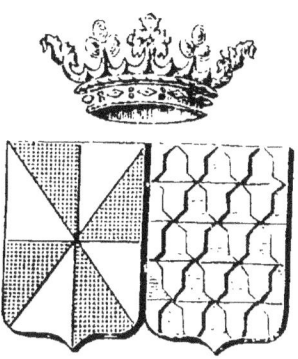

Monsieur,

Ma chère Yvonne,

ieu permet qu'il y ait des heureux même ici-bas. La Providence leur donne un cœur sensible, capable de dévouement, prêt aux sacrifices. Dieu les place, en ce monde, au-dessus des nécessités de la vie, rien ne leur manque, ils n'ont à former aucun désir. La religion, qu'ils regardent comme leur bien suprême, est enracinée dans leurs cœurs ; elle est leur guide, la règle de leur conduite, le principe de leurs joies. Ainsi nous apparaissez-vous au pied de cet autel.

Le ciel semble vous avoir conviés à une vie exempte de *beaucoup de tribulations*; l'avenir est pour vous comme un ciel sans nuages; le mariage que vous contractez s'annonce comme une consécration du bonheur que Dieu vous destine.

Telles sont nos espérances.

Elles reposent d'abord sur l'affection que vous vous portez. Elle est née aux jours de votre enfance; les relations établies entre vos familles aidaient à vous apprécier tous deux; vous confondiez vos joies et vos plaisirs. Elle s'est fortifiée dès votre première jeunesse; la sympathie que vous éprouviez l'un pour l'autre s'accentuait à mesure que vous vous êtes connus davantage. Tout a contribué à la grandir, elle a pénétré dans vos âmes, comme un arbre jette dans le sol des racines profondes. C'est maintenant entre vous *à la vie et à la mort*. Vous vous aimez aujourd'hui, vous vous aimerez demain, vous vous aimerez toujours.

Ce qui forme pour nous une garantie de durée dans l'amour que vous éprouvez l'un pour l'autre, c'est l'expérience que vos familles ont déjà faites de la solidité de vos affections.

Vous, Monsieur, quel respect n'avez-vous pas eu, depuis votre enfance, pour votre digne père! Vous l'avez entouré de soins pendant le temps qu'il vous a été donné de jouir de sa présence. Vos attentions à son égard n'ont pris fin qu'avec sa vie.

Comme vous aimez votre bonne et pieuse mère ! N'est-elle pas depuis longtemps le centre de vos affections ? Ne reportiez-vous pas tout à elle ? En partageant son existence, pendant ces dernières années, n'avez-vous pas goûté le sort le plus heureux que vous puissiez souhaiter en ce monde ?

Et puis, quelle amitié n'avez-vous pas éprouvée toujours pour votre frère, votre sœur, leurs familles ! Une de vos joies n'est-elle pas d'aller les voir, là où Dieu a fixé leur demeure ? Leurs intérêts ne vous sont-ils pas aussi chers que les vôtres ? Ne leur êtes-vous pas dévoué corps et âme ?

Et vous, ma chère Yvonne, n'êtes-vous pas à nos yeux depuis longtemps le type de la fidélité à votre famille, un modèle de dévouement à tous les vôtres, un exemple de ce qu'est capable de montrer un cœur aimant, quand il sait se renoncer lui-même, pour ne penser qu'au bonheur de ceux qui lui sont unis par les liens du sang?

Votre sœur aînée se sent appelée d'en haut à la vie religieuse ; elle quitte votre famille pour se consacrer à Dieu dans la Congrégation du Sacré-Cœur. Comme vous avez regretté son départ! Vous eussiez voulu la garder encore avec vous. Il vous semblait que ses vertus devenaient d'autant plus l'ornement de votre maison, à mesure qu'elle avançait davantage dans la jeunesse de sa vie. Mais, après la séparation, comme vous vous êtes efforcée de tenir sa place de votre mieux, afin que l'absence d'une fille si chère fût moins amère pour les cœurs qui vous entouraient!

Vos frères sont appelés, à tour de rôle, à quitter au moins pour un temps le foyer paternel; il leur faut chercher au loin cette éducation supérieure dont ils ont besoin pour décider de leur vocation et de leur destinée dans le monde. Qu'ils étaient heureux, quand la Providence les rappellait au sein de leur famille, dans les intervalles de leurs études, de vous retrouver toujours à votre poste d'honneur! Dieu sait ce que vous leur avez témoigné d'amitié, de dévouement, d'attentions sous toutes les formes!

Comme vous vous montriez affectueuse envers ce cher enfant que vos parents viennent d'avoir le malheur de perdre, et dont la mort, en frappant un coup si rude parmi nous, fait encore saigner nos cœurs! Combien vous vous intéressiez à son sort! Que de projets vous formiez ensemble pour son avenir! Comme vous aviez su capter son cœur! Il est vrai qu'il était facile d'en faire la conquête; il était si bon pour tous! N'éprouvait-il pas d'ailleurs pour vous, en reconnaissance de vos bontés, une naturelle sympathie et une affection toute spéciale?

Pourrait-on dire assez haut, pour servir d'exemple, les soins dont vous avez entouré votre bon père, de tout temps sans doute, mais surtout dans cette maladie qui l'a retenu de longs mois sur un lit de douleurs, en lui imposant un repos si contraire à l'activité de sa vie? Il vous a fallu renoncer, pendant au moins deux hivers, à ce séjour de Paris, où vous trouviez tant de profit pour vos études, et tant de relations que vous aimiez à entretenir et qu'on était heureux de conserver avec vous. Ah ! que j'aime à vous voir préluder ainsi, par le renoncement à vos joies et par le sacrifice de vous-même, à la mission que le Ciel vous confie, en vous appelant, dans l'état du mariage, aux devoirs qu'il entraîne et aux obligations qu'il impose !

Quant à votre mère, je ne saurais exprimer en termes dignes de vous ce que vous avez été pour elle. La fille la plus tendre, la plus dévouée, la plus aimante que l'on puisse concevoir pourrait vous être comparée. Personne ne surpassera la perfection de votre piété filiale. Ah ! je sais que votre mère n'a jamais éprouvé, dans sa vie, de plus grand désir que d'imprimer, dans l'âme de ses enfants, ces idées généreuses qu'elle a puisées elle-même autrefois dans notre famille. Je suis fier pour vous d'entendre, à travers les mers, une sœur de Saint-Vincent de Paul disant à l'un de vos frères, au fond de l'Algérie, en face de la dépouille mortelle de celui que vous pleurez, et qu'elle avait soigné dans ses derniers jours : « Que je voudrais connaître votre mère ! Elle doit avoir une grande âme ! Elle vous a si bien élevés ! »

Vous avez assez de cœur pour être plus tard, vis-à-vis des autres, ce qu'on aura été pour vous, et cette persuasion, que nous partageons tous, donne à ceux qui vous aiment la plus grande confiance dans votre avenir.

Nous espérons que vous trouverez ensemble le bonheur dans le mariage, à cause aussi des faveurs temporelles que Dieu vous a dispensées.

Le Ciel vous a ménagé une part plus large des avantages de ce monde qu'il n'accorde d'ordinaire au plus grand nombre.

Vous êtes appelés par le sort à jouir, dans une ample mesure, de ce qu'on nomme les dons de la fortune.

Vous userez de ces bienfaits de Dieu selon l'ordre de la Providence; vous vous en servirez pour les nécessités de votre vie; ils embelliront votre existence par les joies dont ils sont la source; ils enrichiront votre demeure. Votre maison va devenir, grâce à votre situation dans le monde et à vos goûts naturels, la maison hospitalière par excellence. Vous y recevrez vos parents; vous y appellerez vos amis; vous y accueillerez avec bienveillance ceux que vos affaires, ou leurs intérêts, ou d'autres causes attireront près de vous; vous y entretiendrez ces relations que donne l'amitié, et qu'on regarde avec raison comme une des plus douces jouissances de l'homme ici-bas.

Votre demeure sera aussi la maison des pauvres ; qu'ils y soient toujours les bienvenus. Souvenez-vous que vous êtes les économes de la Providence, et que vous devez rendre compte à Dieu même des biens que le Ciel aura déposés entre vos mains. Aimez les déshérités de la terre ; accueillez-les avec bonté ; comprenez leur détresse et leur malheur ; ayez pitié de leur infortune, le Ciel détournera de vous tous les maux.

N'omettez pas, quand vous serez à demeure au milieu du peuple de la campagne, d'user de votre influence pour servir les grandes causes que vos familles ont toujours aimées. Ah ! si tous ceux que Dieu gratifie des avantages de la fortune s'appliquaient à gagner par leurs bienfaits le cœur du peuple, pour lui montrer ses intérêts et le maintenir dans le devoir, comme tout changerait autour de nous ! On cesserait d'appeler le mal le bien et le bien le mal ; la domination des méchants ne tarderait pas à finir, et le règne de la justice redeviendrait florissant dans notre pays. Mais pour mener à bonne fin un dessein si noble, il faut savoir se consacrer soi-même au bien des autres ; il faut que les familles établies par Dieu en situation d'accomplir de grandes œuvres n'hésitent pas à immoler leur égoïsme et au besoin leur bien-être ; il faut savoir payer de sa personne, sans craindre de s'imposer à soi-même des sacrifices parfois très lourds, pour l'honneur des causes qu'on entend servir.

Que votre château de Villechien devienne un centre, où les cœurs soient attirés. Que vos concitoyens, surtout les moins favorisés par le sort, s'y voient toujours reçus avec égards, traités avec douceur, accueillis avec amour. Que chacun d'eux n'ignore pas que chez vous il trouvera toujours un conseil pour le conduire, une aide pour mener à bien ses affaires, une parole de consolation et d'espérance au jour de l'affliction. Le peuple de notre province de Normandie, surtout dans la contrée où Dieu a fixé votre séjour, est encore accessible aux nobles sentiments. Les consciences y sont honnêtes, les cœurs y sont généreux ; vous trouverez une indicible joie à les conduire, selon la mesure de vos forces, dans les voies de l'honneur chrétien.

J'ai dit l'honneur chrétien.

C'est qu'en effet, si nous gardons l'espérance de vous voir passer ici-bas des jours heureux, c'est parce que vos âmes, nous en avons la confiance, y seront fortifiées par la pratique des préceptes de l'Évangile.

Ces préceptes vous sont connus depuis vos plus jeunes années.

Vous appartenez à des familles où la religion est en honneur. Aussi, avez-vous eu de bonne heure, sous les yeux, l'exemple de la vertu et de cette piété dont

saint Paul a dit qu'*elle a les promesses de la vie
présente et celles de la vie future* (1).

Vous fûtes confiés tous deux à des âmes religieuses, pour l'achèvement de votre éducation chrétienne, et l'Institution Sainte-Marie, à Caen, aussi bien que le Couvent de Notre-Dame-de-Sion, à Paris, ont contribué l'un et l'autre, pour une large part, à vous pénétrer de plus en plus des principes que vos parents vous avaient enseignés.

L'œuvre est terminée. Il ne vous reste plus qu'à remercier vos familles de l'éducation qu'elles vous ont donnée, et à demeurer fidèles aux habitudes chrétiennes que vous avez suivies jusqu'à ce jour.

Ne ressemblez pas à ces âmes comme on en rencontre tant sur la terre, sans autre guide que leur intérêt, *flottant*, comme dit encore saint Paul, *à tout vent de doctrine* (2), brûlant ce qu'elles ont adoré, ou adorant ce qu'elles ont brûlé, selon qu'elles y trouvent un avantage pour leur vanité, leurs ambitions, ou les passions de leur cœur. Que vous ferez preuve de sagesse, si vous vous maintenez en dehors de toutes ces intrigues ! Ne soyez pas non plus ce qu'on appelle des gens de plaisirs ; ils sont nombreux au

---

(1) Promissionem habens vitæ quæ nunc est et futuræ (I. Tim., ch. IV, v. 8).

(2)... Fluctuantes... omni vento doctrinæ (Ephes., ch. XIV, v. 4).

siècle où nous sommes. On croirait, à voir le monde, que nous revenons au temps des païens, alors que les poètes disaient dans leurs chants : *Faisons bonne chère et vidons les outres de vin, car nous allons bientôt mourir* (1). Dieu a-t-il donc mis les hommes sur la terre pour qu'ils se livrent, comme en tuant le temps, aux joies et à l'allégresse ? Combien, s'ils ne perdent pas leur âme dans la recherche de tant de jouissances, n'en oublient pas moins, en y consacrant de longs jours, que Dieu se réserve de leur demander compte de l'emploi de toute leur vie ! « *Cela ne me paraît pas tant coupable qu'étrange*, a dit un écrivain de notre temps, *de voir faire des plaisirs toute l'affaire de la vie, quand la vie est si sérieuse, si remplie de peines, de quelque côté que l'on jette les yeux. Je voudrais seulement*, ajoute le sage auteur, *que les plaisirs fussent la récréation, le délassement, et non l'affaire de la vie* (2). Assurément on ne saurait ni mieux penser, ni mieux dire.

Enfin, à mesure que vous avancerez dans la vie, attachez-vous davantage aux biens surnaturels. Vos devoirs grandiront avec les années; vous trouverez plus de difficultés à vaincre, vous serez plus exposés, comme dit le psalmiste, à heurter votre pied contre quel-

---

(1) Manducemus et bibamus, cras enim moriemur (I. Cor., ch. XV, v. 32).

(2) *Récit d'une sœur*, par Mme Craven, t. II.

que pierre ; alors le soin de votre âme vous occupera davantage ; vous sentirez encore le besoin d'avoir Dieu avec vous ; vous vous élèverez plus facilement par la pensée vers le Ciel, et le monde aura cessé de vous séduire. Écoutez une comparaison de l'âme s'élevant ainsi au-dessus des difficultés de la vie, pour se jeter entre les bras de Dieu ; elle pourra vous servir un jour : « *Le corail dans l'Océan*, écrivait au commencement de ce siècle une grande âme, *est une branche d'un pâle vert. Retirez-la de son lit natal, elle devient ferme, ne fléchit plus, c'est presque une pierre. Sa tendre couleur est changée en un brillant vermillon. Ainsi de nous, submergés dans l'Océan de ce monde, soumis à la vicissitude de ses flots, prêts à céder sous l'effort de chaque vague, et de chaque tentation. Mais aussitôt que notre âme s'élève, et qu'elle respire vers le Ciel, le pâle vert de nos maladives espérances se change en ce pur vermillon du divin et constant amour. Alors, nous regardons le bouleversement de la nature et la chute des mondes avec une confiance et une constance inébranlables* (1).

Quand vos âmes en arriveront à cet abandon entre les mains de Dieu, c'est que votre pèlerinage en ce monde ne devra plus être de longue durée. Il vous

---

(1) *Élisabeth Seton*, par Mme de Barberey, p. 156.

faudra vous confier en la Providence ; vous devrez la remercier encore des bienfaits dont elle vous aura comblés sur la terre, et vous tenir prêts à entrer, quand l'heure aura sonné, dans les joies de la béatitude éternelle.

En vous donnant ces conseils, nous savons que vous êtes capables de les accepter et de les suivre. Dans vos deux familles la piété reste en honneur; les exemples de dévouement et de sacrifice font partie de vos traditions.

Vous, Monsieur, n'avez-vous pas présente à la mémoire, pour l'avoir entendu raconter comme un titre de gloire, l'histoire de votre aïeul servant au péril de sa vie la cause du roi de France, pendant les premières années de ce siècle. Louis XVIII est en exil pour la seconde fois; votre aïeul, honoré d'une mission de confiance, s'embarque au Havre sur un frêle esquif. Hélas ! il enferme avec lui la trahison, sous la figure des matelots qui s'étaient chargés de le conduire à l'étranger. On s'empare de sa personne, on le met en prison à Rouen, on le condamne à mort ; il n'échappe que par miracle au dernier supplice.

Au dix-huitième siècle, l'un des vôtres s'était conduit en héros, pendant la guerre de sept ans, qui eut

(1) On peut consulter, sur l'histoire de la guerre du Canada, l'intéressant ouvrage de M. Charles de Bonnechose : *Montcalm et le Canada français*.

aussi l'Amérique pour champ de bataille. Associé dans la défense du Canada français, à l'œuvre des Montcalm, des Vaudreuil, des Lévis, des Bougainville, des Ligneris, votre aïeul ne le cède en rien à ses compagnons d'armes, ni pour l'intrépidité dans la lutte, ni pour la bravoure dans les combats, ni pour la résolution dans la défaite. Ce n'est pas à ces âmes de guerriers qu'il faut imputer la perte de la Nouvelle France, l'un des plus beaux fleurons de la couronne de nos rois, dans les pays d'outre-mer.

Votre famille a donné encore à notre patrie, dans des temps plus reculés, d'autres serviteurs : ils s'enrolèrent dans la magistrature ou dans l'armée.

Vos ancêtres se sont alliés aux maisons les plus illustres de notre contrée (1).

A vous maintenant de soutenir l'éclat d'un passé si noble, par l'honorabilité de votre vie et par les services que vous rendrez à notre pays.

Quant à vous, ma chère Yvonne, vous descendez aussi d'une famille dont l'histoire se mêle, depuis longtemps, à celle de notre province.

Dès le onzième siècle, un Banville accompagne le duc Guillaume de Normandie à la conquête de l'Angleterre (2). On sait ce que cette guerre donna de gloire

(1) La famille de Ponthaud porte : *gironné de sable et d'argent*.

(2) Guillain de Banville, l'un des compagnons de Guillaume

à nos compatriotes, d'honneur à l'Église, et combien elle fit avancer la civilisation chrétienne chez les peuples vaincus. Vous pouvez être fière d'y voir figurer votre ancêtre.

Quelques années plus tard, encore un des vôtres, fils du compagnon de Guillaume, suit à la première croisade (1) le duc Robert, fils lui-même de Guillaume, et part pour l'Orient, sous les ordres du chef normand, afin de combattre pour la conquête de Jérusalem restée avec les Lieux-Saints au pouvoir des infidèles. C'était une généreuse pensée. On ne sait rien de plus héroïque, à aucune époque de notre histoire.

Dans les siècles suivants, plusieurs de vos ancêtres furent honorés de la confiance de nos rois. Les uns furent nommés gouverneurs du château et de la ville

---

le Conquérant, portait : *de gueules au pal d'argent*, accompagnée de six merlettes de même. Il avait pour devise : *Dam aye Diex le volt*. (Voir *Histoire du canton d'Athis*, par M. le comte de la Ferrière-Percy, texte et note, p. 342).

(1) Gauvain de Banville, fils de Guillain, suivit le duc Robert en Orient et obtint, par une action d'éclat, de porter à l'avenir : *Vairé d'argent et d'azur* (*Id.*). Ce fut en souvenir de son voyage d'outre-mer qu'il prit cette glorieuse devise, adoptée par ses descendants : *Vellus peltastis in Jerusalem assumpsi, et non dimittam nisi in monte Sion* (*Id.*, p. 343). La famille de Banville a conservé pour armoiries : *Vairé d'argent et d'azur* ; mais elle a repris depuis longtemps son ancienne devise.

de Vire ; d'autres furent lieutenants généraux au bailliage de Caen, à celui d'Alençon, à celui de Vire.

Et puis, dans notre siècle, votre aïeul a servi son pays dans la charge de conseiller général de l'Orne, charge que votre père occupe dignement encore de nos jours.

Suivez, mes chers enfants, ces édifiants exemples.

Aimez l'Église et la France.

Obéissez aux lois de Dieu, sous le patronage de la Vierge Marie, que vous invoquez aussi depuis votre enfance et restez ainsi fidèles à la devise de vos pères à tous deux, puisque vous êtes de la même famille : *Dam aye Diex le volt*, c'est-à-dire : Que Notre-Dame me vienne en aide, Dieu le veut !

www.ingramcontent.com/pod-product-compliance
Lightning Source LLC
Chambersburg PA
CBHW071447060426
42450CB00009BA/2323